지속 가능한 발달장애인 고용 프로젝트 2권

발달장애인을 위한 취업 준비 실용서

나도 이제 직장인

소소한소통

책의 순서

직장인이 되기 위한 준비　　　　　　5

　1. 일을 해야 하는 이유　　　　　　6
　2. 알아 두면 좋은 취업 관련 단어　　　10
　3. 취업지원제도 알아보기　　　　　24

내가 원하는 일 찾기　　　　　　33

일자리 찾고 지원하기　61

1. 지원할 회사 찾기　62
2. 회사에 지원할 때 확인해야 하는 것　64
3. 지원서 쓰기　65
4. 내야 하는 서류　68
5. 지원서 제출하기　70
6. 면접 보기　73

알아 두면 좋아요　79

1. 일하는 것을 도와주는 기관　80
2. 고용 정보 사이트　86

직장인이 되기 위한 준비

1. 일을 해야 하는 이유

살아가는 데 필요한 돈을 벌 수 있습니다.

저금하며 안정된 미래를 준비할 수 있습니다.

열심히 일하며 보람을 느낄 수 있습니다.

다양한 사람을 만나며 즐겁게 지낼 수 있습니다.

2. 알아 두면 좋은 취업 관련 단어

취업을 준비하거나 직장을 다닐 때 알아 두면 좋은 단어입니다.

단어	뜻
4대 보험	일을 하면 누구나 들어야 하는 보험. 국민연금, 건강보험, 고용보험, 산재보험이다.
가입	어떤 단체나 모임이나 보험 등에 새로 들어가는 것, 또는 새로운 회원이 되는 것.
개인 부담금	개인이 내야 하는 돈.
갱신	예전에 한 계약을 또 한 번 더 하기로 하는 것.

단어	뜻
건강검진	몸이 건강한지 알아보는 검사.
건강보험	갑자기 아파 병원비를 많이 내야 하는 일이 생겼을 때 돈을 구할 수 있도록, 나라에서 미리 돈을 조금씩 받고 필요할 때 내 주기로 하며 맺는 보험.
결근	출근해야 하는 날에 일을 빠짐.
경력	예전에 했던 일, 경험.
경력증명서	경력이 있다는 것을 알려 주는 문서. 주로 이전 직장의 이름과 한 일, 일한 기간이 적혀 있다.
경조사비	결혼식, 장례식 등 축하하거나 슬픔을 표현할 때 주거나 받는 돈.
계약	서로 지켜야 할 것들을 말이나 글로 적어 약속하는 것. 계약할 때는 주로 계약서를 쓴다.
계약직	정해진 날짜까지만 일하기로 약속한 일자리.
고용노동부	직장에서 생기는 여러 가지 문제를 돕거나 해결해 주어야 하는 나라의 기관.

단어	뜻
고용보험	직장을 잃은 사람에게 잠깐 동안이라도 생활비를 주고, 새 직장을 구할 수 있게 돕기 위해 만들어진 보험.
공유	함께 나눠 씀.
관리자	다른 노동자들을 관리하는 상급 직원.
구인	일할 사람을 구함.
구직	일자리를 구함.
국가인권위원회	국민의 인권 문제를 책임지는 기관.
국민기초생활 수급자	국민을 보호하는 법에 따라 나라의 지원을 받는 사람.
국민연금	갑자기 죽거나 장애를 가져 돈을 벌기 어려울 때, 나와 가족에게 생활비를 나라에서 지원해 주는 보험. 단, 18살부터 60살까지 일하는 동안에는 보험료를 내야 한다.
규정	지켜야 하는 약속.
규정 위반	지켜야 하는 약속을 어김.

단어	뜻
근로계약	정해진 시간에 정해진 일을 하고 정한 만큼의 돈을 받기로 약속하는 것.
근로계약서	근로계약 내용이 적혀 있는 문서. 반드시 작성해야 한다.
근로기준법	근로 조건의 기준, 즉 일터에서 반드시 지켜져야 하는 것들을 정해 모아 만든 법.
근로소득세	일해서 돈을 벌면 반드시 내야 하는 세금.
근로자	일하는 사람. 노동자라고도 한다.
근로 조건	일하기로 한 기간과 출퇴근 시간, 일한 대가로 받는 돈 등 일하기로 약속하면 회사에서 준비해 주어야 하는 것들.
근무 시간	일하는 시간.
근무지	일하는 곳.
근태	'근무 태도'의 줄임말. 특히 출근 시간을 지키는 등의 태도.
급여	일한 대가로 받는 돈. 보수라고도 한다.

단어	뜻
기본급	1. 야근 수당, 휴일 수당, 식대 등 여러 가지 수당을 제외한 급여. 2. 정해진 시간만큼 일했다면 틀림없이 제공되는 급여.
기숙사	회사에서 직원들이 살 수 있도록 마련한 집.
기한	마치는 날짜.
노동법	일하는 것과 관련된 여러 가지 법.
노동조합	일하는 사람들이 권리를 지키기 위해 만든 모임.
노동청	다양한 직장에서 일어나는 여러 가지 일들을 관리하고, 규칙과 법을 정하고, 문제가 생기면 해결해 주어야 할 책임이 있는 나라의 기관.
단시간 근로	하루 8시간보다 적게 일하는 것. 파트타임과 같은 뜻으로 쓰이기도 한다.
대체	무언가를 대신함.
마감	1. 정해진 날짜의 끝. 2. 하던 일을 마무리하고 끝냄.

단어	뜻
만근	일주일, 1달, 1년과 같이 정해진 기간 안에 하루도 결근하지 않고 출근함.
만료	날짜가 다 되어서 끝남.
면접	만나서 물어보고 답하는 방식으로 치르는 시험.
명함	이름, 주소, 전화번호, 회사 이름 등이 적혀 있는 종이. 회사에 손님이 오거나 처음 보는 사람을 만나면 명함을 주고받으면서 인사한다.
모집	사람을 모음.
모집 대행	사람 모아 주는 일을 대신함.
무관	관계없음.
무기계약직	기간을 정하지 않고 근로계약을 맺은 사람.
무단결근	미리 말하지 않고 회사에 출근하지 않음.
문의	물어봄.
미화	깨끗이 함.
바리스타	커피를 만드는 사람
반환	돌려줌.

단어	뜻
병가	아파서 쉬는 휴가.
배치	사람이나 물건을 알맞은 자리에 놓음.
보너스	내가 일을 잘하거나 회사가 돈을 많이 벌어서 월급 외에 추가로 받는 돈.
복리후생	직원을 위해 회사에서 지원하는 것. 예) 식사비, 교통비, 경조금 지원
부당해고	아무 이유 없이 회사에서 일을 그만두게 하는 것.
부적격	어떤 일을 하는 데 알맞지 않음.
불법	법, 즉 나라에서 정한 규칙에 어긋남.
불합격	지원한 회사에 떨어짐.
사무 보조	사무실에서 일하는 사람들을 돕는 사람. 주로 인쇄, 복사, 우편물 정리와 발송 같은 일을 한다.
사무직	사무실에서 일하는 사람.
사본	문서나 그림 등을 복사한 것.
사서	도서관에서 책을 빌려주고 정리하는 사람.

단어	뜻
사업체	회사.
사옥	회사 건물.
사원증	이 회사 직원이라는 것을 보여주는 카드. 보통 회사 이름과 자기 이름, 사진이 들어가 있다.
사장/대표이사	회사에서 직급이 가장 높은 사람.
사전훈련	일하기 전에 미리 연습함.
산재보험	회사에서 일하다가 다쳤을 때 나라에서 책임지고 보살펴 주는 보험.
상여금	일을 잘하거나 회사가 돈을 많이 벌어서 월급 외에 추가로 받는 돈. 보너스와 비슷한 뜻으로 쓰인다.
상해보험	다쳤을 때 돈을 대 주는 보험.
생산직	물건을 만드는 일을 하는 직원.
서류	사실 등을 적은 종이.
서류 심사	내가 낸 서류를 사세히 보고 점수를 매기거나 합격, 탈락을 결정함.

단어	뜻
서비스직	서비스를 제공하는 직업. 예) 바리스타, 전화 상담원 등
선임	먼저 일을 시작한 직장 선배.
성과급	일한 결과가 좋아서 받는 돈.
세전	세금을 떼기 전.
수당	정해진 돈 외에 따로 더 주는 돈. 예) 가족수당, 휴일근무수당, 야근수당 등
수령	받아 감.
수습 사원	아직 일에 익숙하지 않아 적응하는 시간이 필요한 직원.
시급	1시간 동안 일하고 받는 돈.
식대	밥값.
실수령액	보험료, 소득세 등을 떼고 실제로 받는 돈.
심사	좋고 나쁨을 가림.
알선	대신 알아봐 주는 것.
연장	약속한 날짜나 시간이 뒤로 미뤄짐.

단어	뜻
요양보호사	어르신들의 활동과 집안일을 도와주는 사람.
우대	특별히 잘 대해 줌.
월급	1달 동안 일하고 받는 돈.
유급휴가	돈을 받으면서 쉴 수 있는 휴가.
유니폼	일할 때 다 같이 맞춰 입는 옷.
응대	불렀을 때, 물어봤을 때, 요청했을 때 마주하여 답하는 것.
이력서	지금까지 살아오거나 공부한 것, 경험한 일을 적은 문서.
인턴	정식 직원이 되기 전에 임시로 일하며 배우는 사람.
일정	해야 할 일 또는 일할 계획.
일터	일하는 곳.
임금	일하고 나서 받아야 할 돈.
임금체불	일하고 나서 받아야 할 돈을 받지 못함.
임용	사람을 뽑아 일을 맡김.
입사	회사에 들어가 일을 시작함.

단어	뜻
자격증	어떤 일을 잘하는 실력이 있음을 증명해 주는 문서. 보통 자격증을 얻기 위해서는 시험을 쳐야 한다. 예) 운전면허증, 바리스타 자격증 등
자기소개서	내가 어떤 사람인지를 소개하는 문서.
잔업	퇴근 시간이 지났지만 남아서 일을 더하는 것.
장기요양보험	일상생활이 어려운 어르신들을 도와주기 위해 나라에서 만든 보험.
재계약	회사와 나 사이의 약속을 다시 함. 다시 한 약속의 내용이 이전 약속의 내용과 같으면 '갱신'이라고 하고, 다르면 '재계약'이라고 한다.
적응	익숙해지는 것.
전임자	내가 일하기 전에 내가 맡은 일을 했던 사람.
전형	회사에서 능력이나 됨됨이를 가려서 직원을 뽑는 것.
전환	방향이나 상태를 바꿔 줌.

단어	뜻
접수	받아 줌.
정규직	일이 끝나는 날짜를 정하지 않고 계속 일하는 사람. 보통 하루 8시간 일을 한다.
제한	"여기까지만!" 하고 넘으면 안 되는 선을 정하는 것.
조립	무언가를 짜 맞춤.
졸업예정자	곧 졸업할 사람. 졸업이란 학교의 모든 과정을 다 해내고 마치는 것이다.
졸업증명서	졸업했다는 것을 증명하는 문서.
주휴수당	일주일 동안 빠지지 않고 일하면 주는 유급휴가에 대한 수당.
중식	점심 식사.
지각	약속 시간에 늦음. 또는 정해진 출근 시간을 지키지 못함.
지시 사항	하라고 한 일 또는 하라고 한 일의 목록.
지원 고용	일과 회사에 적응할 수 있도록 도와주는 것.

단어	뜻
직무	일의 내용. "당신 직무가 뭐예요?"는 회사에서 어떤 일을 하냐고 묻는 것이다.
직업훈련	일하는 방법을 배우고 연습하는 것.
직종	일의 종류.
차별	종교, 장애, 나이, 성별 등을 이유로 다르게 대하는 것.
채용	사람을 뽑음.
채용 절차	사람을 뽑는 과정, 순서.
최저임금	'일을 했다면 반드시 이만큼은 받아야 한다'는 것이 법으로 정해져 있는데, 그 '이만큼'에 해당하는 돈.
최종 학력	가장 마지막으로 다닌 학교.
출입증	어떤 장소에 들어가기 위해 필요한 카드 또는 서류.
탕비실	음식이나 차를 준비하는 곳.
통근버스	회사에서 마련한 출퇴근 버스.
퇴직/퇴사	회사를 그만둠.

단어	뜻
퇴직금	1년 넘게 일을 하고 나서 그만둘 때 받는 돈.
파트타임	하루 8시간보다 짧게, 시간을 정해서 일함.
팩스	문서를 보내는 기계.
풀타임	하루 8시간 일하는 것.
학력	학교에 다닌 경험.
해고	회사에서 나에게 일을 그만두라고 하는 것. 단, 그만두라는 이유가 꼭 있어야 한다. 예) 회사에 내가 잘못한 경우, 회사 사정이 어려운 경우 등
허위	거짓말을 함.
휴가	내가 정한 쉬는 날. 다른 사람과 함께 쉬는 날은 아니며 휴가신청서는 미리 작성하는 것이 좋다.
휴무	회사가 정한 쉬는 날. 나뿐만 아니라 모든 사람이 함께 쉰다.
휴일	쉬는 날. 예) 일요일, 공휴일

3. 취업지원제도 알아보기

우리나라에는 취업하고 싶어 하는 사람들을 도와주는 여러 가지 제도가 있습니다.

직업상담

어떤 일을 좋아하고 잘할 수 있는지 이야기를 나눕니다.

직업능력평가

건강, 성격, 좋아하는 것, 잘하는 것 등을 알아봅니다.

직업적응훈련

원하는 일을
할 수 있도록
훈련을 받습니다.

직업능력개발훈련

일하는 데 필요한 기술을
배우고 익힙니다.

중증장애인 지원고용

회사에서 먼저 훈련을 받은 후
취업할 수 있도록
도와줍니다.

중증장애인 인턴제

직장 생활을 체험해 봅니다.

· 인턴 정식 직원이 되기 전에
  임시로 일하며 일을 배우는 사람

취업알선

장애인이 일할 수 있는 회사를 소개해 줍니다.

▼ **도움이 필요할 때**

80쪽에 있는 '**일하는 것을 도와주는 기관**'에 신청합니다.

취업한 다음에도 도움을 받을 수 있습니다.

취업 후 적응 지원

상담, 취업자 자조모임 등을 통해 직장을 잘 다닐 수 있도록 돕습니다.

직무지원인 지원

취업한 지 얼마 안 된 장애인이 회사에 적응할 수 있도록 도와줍니다.

근로지원인 지원

직장 생활을 오래 할 수 있도록 근로지원인이 옆에서 도와줍니다.

▼ **도움이 필요할 때**

80쪽에 있는 '**일하는 것을 도와주는 기관**'에 신청합니다.

장애인을 위한 일자리도 있습니다.

일반형 일자리

장애인에게 일할 기회를 줍니다.
일반형 일자리를 구하면
일주일에 5일, 하루에 8시간
일합니다.

참여형 일자리

취업이 어려운 중증장애인에게
직장 생활을 경험할 수 있는
기회를 줍니다.
참여형 일자리를 구하면
1달에 56시간 일합니다.

이 일자리들에 대해 궁금한 것이 더 있으면

특수교육-복지연계형 일자리

고등학생인 장애인에게
직장 생활을 경험할 수 있는
기회를 줍니다.
특수교육-복지연계형 일자리를
구하면 1달에 56시간 일합니다.

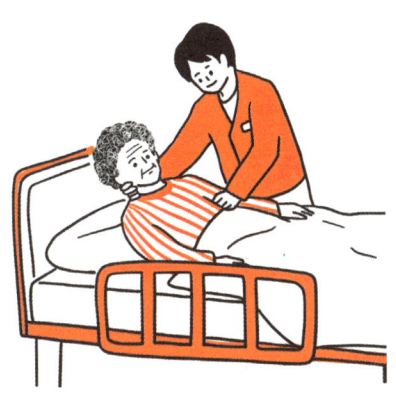

발달장애인 요양보호사 보조

요양보호사를 돕는 일입니다.
일주일에 5일, 하루에 5시간
일합니다.

한국장애인개발원 ☎ 02-3433-0725 에 물어볼 수 있습니다.

내가 원하는 일 찾기

다른 발달장애인이
지금 하고 있는 일들을 소개합니다.

어떤 일을 하고 싶은지 아직 잘 모르겠다면
도움이 될 것입니다.

사람마다 생김새가 다르듯이
잘하는 것과 못하는 것,
좋아하는 것과 싫어하는 것이 서로 다릅니다.

하고 싶은 일에 대해 한번 생각해 보세요!
당신의 꿈을 찾을 수 있습니다.

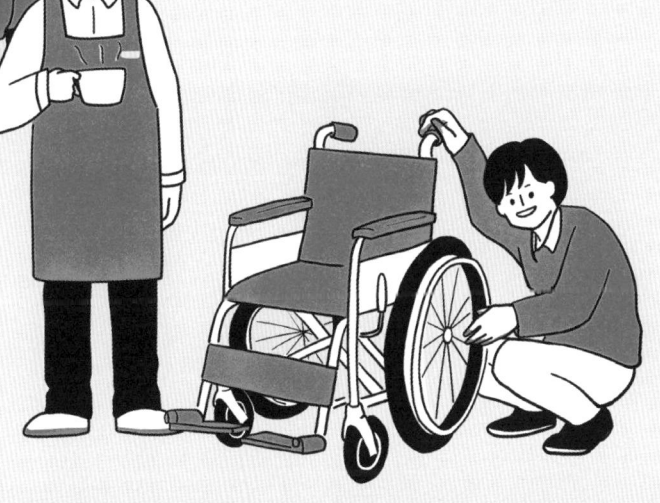

놀이공원 캐스트

"친절과 미소에 자신 있다면 도전해 보세요!"

놀이공원 캐스트란 놀이공원에서 일하는 직원을 뜻합니다.

캐스트는 놀이공원에 온 사람들에게 인사하기, 기념품 정리하고 판매하기, 놀이기구를 안전하게 이용하도록 안내하기 등의 일을 합니다.

미소가 가득한 발달장애인, 사람을 좋아하는 발달장애인이 하기에 좋은 일입니다. 다만 이 일을 하려면 숫자를 알아야 하고 체력이 뒷받침되어야 합니다.

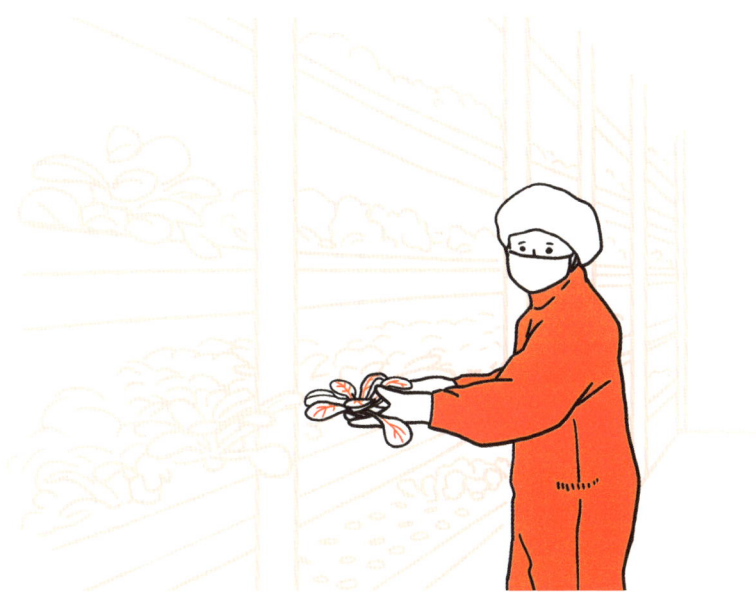

농업인

"간단한 농사일은 발달장애인도 할 수 있어요!"

농사를 지을 때는 몸을 많이 사용합니다.
그래서 조금 힘들 수도 있지만, 간단한 농사일은 복잡하지 않아서
발달장애인도 충분히 배우면서 해낼 수 있습니다.

농사를 지으면 씨를 뿌릴 때부터 열매를 거둘 때까지
식물이 커 가는 모습을 볼 수 있습니다.
그런 모습이 우리 마음을 편안하게 해 줍니다.

대형 점포 계산원(캐셔)

"실제 계산은 기계가 합니다.
 계산원은 바코드를 찍으면 돼요!"

우리가 '마트'라고 부르는 큰 가게에서
발달장애인도 계산원으로 일할 수 있습니다.

모든 물건에 바코드가 찍혀 있고, 바코드에 기계를 갖다 대면
기계가 자동으로 계산을 해 주기 때문입니다.
계산원은 사람들이 주는 카드나 돈을 받고 영수증을 뽑아서
거스름돈만 내어 주면 됩니다.

단, 이 일을 하려면 숫자를 알아야 하고, 돈의 종류를 정확히 알아야
합니다. 그리고 큰돈을 만들려면 작은 돈 얼마가 모여야 하는지도
알아야 합니다.

데이터 매니저

"발달장애인의 꼼꼼함으로
 인공지능이 잘 움직이게 해요!"

기계는 원래 사람이 운전을 하거나 버튼을 눌러 움직이는 것이지만, 스스로 생각해서 움직이는 기계도 있습니다.
그런 기계를 인공지능로봇 또는 줄여서 '인공지능'이라고 합니다.

그런데 아무리 인공지능 기계라 하더라도 처음에는 사람이 가르쳐 주어야 합니다. 이런 기계를 가르치기 위해서 자료를 검사하고 분류하는 일을 하는 사람을 데이터 매니저라고 합니다.
데이터는 자료라는 뜻입니다.

발달장애인은 관찰력과 집중력이 좋고 정직하기 때문에
좋은 데이터 매너저가 될 수 있습니다.

돌보미 / 요양보호사 보조

"발달장애인도 돌봄을 할 수 있어요!"

발달장애인도 다른 사람을 돌보는 일을 할 수 있습니다.
예를 들면 어르신이나 어린이, 다른 장애인이 식사를 하거나
차에 타고 내리는 것 등을 도와주는 것입니다.

특히 요양보호사를 보조하는 일은
발달장애인에게 아주 좋은 일자리입니다.
나라에서 발달장애인을 위한 일자리로 만들었습니다.

매장 정리원

**"정리를 잘하는 발달장애인이라면,
상점에서 일하는 것도 아주 좋습니다"**

매장 정리원은 상점에서 사람들이 물건을 쉽게 찾을 수 있도록 다양한 물건들을 가지런히 정리하는 일을 합니다.
그리고 이런 일은 발달장애인도 충분히 할 수 있습니다.

다만 매장 정리원으로 일하려면 글자와 숫자를 정확히 알아야 합니다. 간단한 것들을 외울 수도 있어야 합니다.
편의섬 같은 음식을 파는 곳에서 일한다면 날짜도 정확히 읽고 헤아릴 줄 알아야 합니다. 날짜에 대한 것도 알아야 합니다.

문서 파기 업무원

"중요한 정보를 안전하게 지킵니다!"

문서 파기는 회사의 중요한 정보, 개인정보가 있는 서류를 안전하게 조각내서 버리는 것입니다.

종이를 조각내는 기계에 종이를 넣으면 되는 간단한 일입니다.

바리스타

"커피를 좋아하나요?
 그러면 커피를 직접 만들어 보는 것은 어떨까요?"

우리나라에는 커피 전문점이 많습니다.
사람들이 커피를 즐겨 마시기 때문입니다.

커피를 만드는 사람을 바리스타라고 합니다.
커피 만드는 일은 복잡해 보일 수도 있지만 열심히 연습하면 충분히 따라할 수 있습니다. 우유나 초콜릿을 넣어 만드는 커피도 정해진 순서를 따라 차분히 해 보면 얼마든지 만들 수 있습니다.
나라에서도 발달장애인 바리스타 일자리를 열심히 만들고 있습니다.

보육교사 보조

"어린이들이 좋나요? 그럼 해 볼 만해요!"

보육교사 보조는 어린이집이나 유치원 선생님이 하는 일을 돕습니다.

아이들이 밥이나 간식 먹는 것을 도와주기도 하고
동화책을 읽어 주는 등 놀아 주는 일을 합니다.

이 일을 하려면 아이를 좋아해야 합니다.
그리고 예절을 잘 지켜야 합니다.

사무 행정 보조

"사무실의 간단한 업무도 해 볼 만합니다!"

사무 행정 보조는 자료 입력, 복사, 서류 정리, 우편물 챙기기 등의 일을 합니다. 반복적인 업무가 많기 때문에 발달장애인도 잘할 수 있습니다.

대신 사무실이 어떻게 돌아가는지 알아야 합니다.
사무실 어디에 무엇이 있는지 공간을 기억할 수도 있어야 합니다.

'발달행정보조사'라는 자격증을 따면 이 일을 쉽게 구할 수 있고 일하는 데 도움이 됩니다.

사서 보조

"어디에 뭐가 있는지를 기억할 수 있다면
충분히 해 볼 만합니다"

사서 보조는 발달장애인에게 좋은 일자리로
이미 많이 알려져 있습니다.

사람들이 본 책을 원래의 위치에 다시 가져다 놓는 일을 주로 합니다.
책에 붙여진 번호를 보고,
규칙대로 책을 책꽂이에 정리할 수 있어야 합니다.

세탁원 / 세척원

"발달장애인의 꼼꼼함으로 빈틈없이 닦아 냅니다"

세탁, 세척 업무는 다양한 물건을
씻거나 빨거나 닦아 내는 일입니다.
옷, 자전거 같은 것을 다루기도 하고 깨끗이 빤 옷을 개기도 합니다.
닦은 물건을 구분하는 일도 합니다.

정리하는 일을 좋아하는 사람이라면 얼마든지 잘할 수 있습니다.

쉬운 글 감수위원

"발달장애인이 읽어야 할 글,
발달장애인이 직접 감수합니다"

사람들이 읽는 대부분의 글에는 어려운 단어가 많습니다.
이런 글들을 발달장애인이 이해하려면 쉬운 글로 바꾸는 일이
필요합니다.

바꾼 글이 정말 쉬운지, 이해가 잘되는지는
발달장애인이 확인해야 합니다.

발달장애인이 이 일을 하면 아는 단어가 많아져서 좋습니다.
또 발달장애인을 위한 정보를 만들었다는 것에서
보람을 느낄 수도 있을 것입니다.

온라인 패커

"주문한 물건을 정확하게 담습니다"

요즘은 사람들이 인터넷으로 물건을 많이 삽니다.
온라인 패커는 사람들이 산 물건을 담고 포장하는 일을 합니다.

이 일을 하려면 한글, 숫자, 알파벳을 알아야 합니다.
고객이 주문한 물건을 확인하고 필요한 물건을 찾아 박스에 담습니다.

외식업체 보조원

"깨끗함과 친절함이 자신 있는 발달장애인이라면
도전해 보세요"

조금 큰 음식점에서 주방 보조와 서빙 보조 일을 하는 사람을
외식업체 보조원이라고 합니다.

주방 보조는 그릇이나 수저를 닦는 일을 합니다.
요리를 도와주기도 합니다.
서빙 보조는 손님들이 주문한 요리를 가져다주는 일을 합니다.

음식과 관련된 일이기 때문에 손과 몸을 늘 깨끗하게 지켜야 합니다.

우편 분류원

"발달장애인의 꼼꼼함이
빛을 발할 수 있는 일자리입니다"

우편 분류원은 우편물을 주소에 맞게 분류하는 일을 합니다.

주소를 정확히 확인해야 하기 때문에
글자와 숫자를 잘 알아야 합니다.

유통서비스 관리사

"정리정돈을 잘한다면 해 볼 만합니다"

유통 서비스 분야에서도 발달장애인이 할 수 있는 일을 찾을 수 있습니다.

편의점이나 마트로 물건을 옮기는 일,
상점 안에 물건을 배치하는 일 등을 합니다.

정리정돈을 잘해야 하고, 큰 박스를 들고 옮길 만한 힘이 필요합니다.

인쇄소 직원

"중요한 일은 기계가 합니다. 나머지 일만 하세요"

인쇄와 복사는 기계가 하는 일입니다.
인쇄소 직원은 인쇄, 복사된 것을 자르거나 분류하는 일을 합니다.

그러니 발달장애인도 일하는 법을 연습하면
금방 익숙하게 할 수 있습니다.

일러스트레이터

"그림을 잘 그리면 도전해 보세요!"

그림을 잘 그리는 발달장애인이라면
좋아하는 일을 하면서 돈을 벌 수 있습니다.

일러스트레이터로 일하려면 오랫동안 그림을 그릴 수 있어야 합니다.
컴퓨터로 그림을 그릴 수 있으면 더 좋습니다.

발달장애인이 그린 그림으로 물건을 만드는 회사도 있습니다.

자전거 / 휠체어 관리사

"자전거와 휠체어는 간단한 기계입니다.
 관리하는 일도 쉽습니다"

기계에 관심이 있는 사람,
물건을 깨끗하게 잘 관리하는 사람이 잘할 수 있습니다.

부품 몇 개를 갈아 끼우는 일을 하기도 합니다.
기계를 좋아하면 조금만 배워도 충분히 할 수 있습니다.

제과제빵 보조원

"빵과 과자를 좋아하는 손재주 있는 발달장애인이라면
 도전해 보세요"

빵을 좋아하는 사람,
무언가를 손으로 만드는 것을 좋아하는 사람이라면 해 볼 만합니다.

음식을 만드는 일이기 때문에
언제나 몸을 건강하고 깨끗하게 하고 있어야 합니다.

일을 할 때는 위생복을 입고 마스크를 합니다.

지하철 택배 기사

"지하철 타는 것을 좋아하면 재미있게 일할 수 있어요"

지하철 노선을 외우고 있는 사람,
지하철 타는 것을 재미있어 하는 사람에게 좋은 일입니다.

가벼운 짐, 서류를 지하철을 이용해 가져다줍니다.

진단검사의학과 보조원

"반복적으로 하는 일이라 매일 하면
 누구든 곧 익숙하게 잘할 수 있어요"

큰 병원에는 '진단검사의학과'라고 하는 곳이 있는데
거기서 보조원으로 일하면
피와 소변이 담긴 통을 검사실에 가져다주는 일을 합니다.

건강과 관련된 일이기 때문에
깨끗한 상태를 지키는 것이 매우 중요합니다.

청소업체 직원

"간단하지만 중요한 청소, 발달장애인이 하기에 좋아요!"

청소는 주변을 깨끗하게 하는 것입니다.

쓸고, 닦는 일을 합니다.
청소가 끝나면 사용한 청소 도구를 정리합니다.
청소하는 방법은 어렵지 않게 배울 수 있습니다.

평소에 정리하는 일을 좋아하는 사람이라면 즐겁게 할 수 있습니다.

포장 및 제조회사 직원

"손으로 하는 일을 좋아하는 사람이 하기에 좋아요!"

물건을 담아서 포장하는 일입니다.

손으로 하는 일을 좋아하는 사람은 어렵지 않게 할 수 있습니다.
물건의 개수를 확인해야 하기 때문에 숫자를 알아야 합니다.
앉거나 서서 오랫동안 일할 수도 있어야 합니다.

일자리 찾고 지원하기

1. 지원할 회사 찾기

워크투게더 사이트에 들어가 보기

장애인을 뽑는 회사의 정보를 한 번에 볼 수 있습니다.

사이트 주소 www.worktogether.or.kr

취업 지원 기관에 등록하기

취업 지원 기관에 일자리 소개를 원한다고 이야기합니다.

취업 지원 기관으로는 한국장애인고용공단 지사,
한국장애인개발원에서 지원하는 직업재활시설이 있습니다.

한국장애인고용공단 1588-1519
한국장애인개발원 02-3433-0600

더 자세한 정보는 **80쪽**에 있는 **'일하는 것을 도와주는 기관'**을 보세요.

2. 회사에 지원할 때 확인해야 하는 것

- ☑ 즐겁게 잘할 수 있는 일인지
- ☑ 출퇴근하기에 너무 멀지 않은지
- ☑ 월급이 적당한지
- ☑ 휴일, 휴식 시간을 제대로 주는지
- ☑ 일하기에 좋은 분위기가 갖추어져 있는지
- ☑ 일하는 시간이 너무 길거나 짧지 않은지
- ☑ 지원할 때 내야 하는 서류가 무엇인지
- ☑ 지원서는 언제까지, 어떻게 내야 하는지

3. 지원서 쓰기

이력서는 나에 대해 알려 주는 문서입니다.
내가 어떤 공부와 일을 했는지 정확하게 씁니다.

이 력 서

최근에 찍은 사진이어야 합니다.

이름	오민석		
생년월일	1994년 11월 15일	성별	남
휴대폰 번호	010-1234-2567		
주소	서울시 구로구 신도림로 00길 00		
전자우편	oh_181215@soso.com		

학력사항 ● 고등학교 때부터 적습니다.

학교명	전공	재학 기간	졸업 구분
소소고등학교	교과학습	2011. 3. ~ 2014. 2.	졸업
소소대학교	사회복지전공	2014. 3. ~ 2018. 2.	졸업

경력사항 ● 최근에 한 일부터 적습니다.

회사명	업무 내용	재직 기간	비고
서울베이커리	베이커리	2018년 6월 ~ 10월	
소통정보	문서작성	2017년 5월 ~ 8월	
소통로지스	배송업무	2014년 7월 ~ 8월	

자격증 및 수상 경력 ● 받았던 상을 적습니다.

자격(수상) 종류	자격명(수상명)	취득 년월(일자)	발행 기관(수상 내용)
자격증	컴퓨터(엑셀)	2015년 2월 12일	ITQ 정보기술자격
자격증	컴퓨터(파워포인트)	2015년 3월 30일	

자격증, 면허증을 적습니다. 없으면 비워 둡니다.

자기소개서는 내가 좋아하는 것과 싫어하는 것,
잘하는 것과 못하는 것, 그리고 지금까지의 경험을 적는 문서입니다.
나에 대해 자세하게 소개하는 마음으로 씁니다.

자 기 소 개 서

성장 과정 — 어렸을 때부터 지금까지 어떻게 살았는지
생각나는 대로 적습니다.

1994년 11월 첫째로 태어났습니다. 형제는 3살 어린 남동생이 한 명 있습니다. 자상하시면서도 엄하신 부모님의 가르침으로 성실함과 책임감을 최우선으로 배우며 자랐습니다. 어느 자리에서도 책임감 있는 구성원으로 제 역할을 다하기 위해 노력하고 있습니다.

성격의 장/단점 — 장점과 단점을 솔직하게 적습니다.
장점이 회사일과 잘 맞는다고 적으면 더 좋습니다.

항상 웃음을 잃지 않는 밝은 성격이며 차를 보고 연구하는 것을 좋아해 자동차에 대한 지식이 있습니다. 요리를 잘해 혼자서 김치찌개와 떡볶이, 스파게티도 잘 만듭니다. 친한 사람들을 만나 함께 시간 보내는 것을 좋아합니다.

경력사항 — 예전에 배웠던 일, 했던 일을 적습니다.

지도 보는 것과 대중교통 검색해 보는 것을 좋아해서 서울에 위치한 소통로지스에서 배송 업무를 했습니다. ITQ 정보기술자격증으로 소통정보에서는 여러 가지 문서를 작성하는 업무를 했습니다. 요리를 좋아해서 서울베이커리에서 베이킹 업무 보조 했습니다. 꼼꼼한 성격 덕에 함께 일했던 사람들로부터 칭찬을 자주 들었습니다.

지원 동기 — 왜 이 회사에서 일을 하고 싶은지,
회사에서 어떻게 일할 계획인지 자신 있게 적습니다.

저는 사회복지학 공부를 했습니다. 그래서 남을 도와주는 일과 서류 작성 하는 일을 하고 싶었습니다. 예비 사회적 기업인 소소에서 문서 작성을 할 사람을 구하는 것을 보고 지원을 하게 되었습니다. 저에게 일할 수 있는 기회를 주신다면 귀사에 맞는 인재가 되어 성실하게 일하는 사람이 되겠습니다.

자기소개서 작성 잘하는 법

- ☑ 사실대로 솔직하게 적습니다.

- ☑ 맞춤법, 띄어쓰기, 틀린 글자, 빠진 글자 등을 꼼꼼히 확인합니다.

- ☑ 단점은 부정적으로 쓰지 않고 어떻게 고쳐 나가고 있는지 함께 적습니다.
  예) 저는 기억력이 안 좋습니다. 대신 메모를 열심히 해서 실수하지 않으려고 노력합니다.

- ☑ 자기소개서 내용이 면접 질문이 될 수도 있으니 잘 씁니다.

4. 내야 하는 서류

이력서, 자기소개서 말고도 내야 하는 서류가 있을 수 있습니다.
회사에 따라 내야 하는 서류가 다를 수 있습니다.

경력증명서

예전에 일했던 경험을 확인하는 문서

예전에 다녔던 회사에서 받아요.

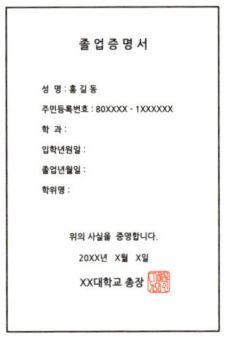

졸업증명서

학교에 다닌 것을 확인하는 문서

학교 홈페이지나 행정실에서 받아요.

장애인등록증 또는 복지카드 사본

장애인이라는 사실을 확인하는 문서

주민센터에서 받아요.

자격증 사본

일과 관련된 자격증이 있으면 내야 합니다.

- '사본'은 '복사한 것'이라는 뜻입니다.

5. 지원서 제출하기

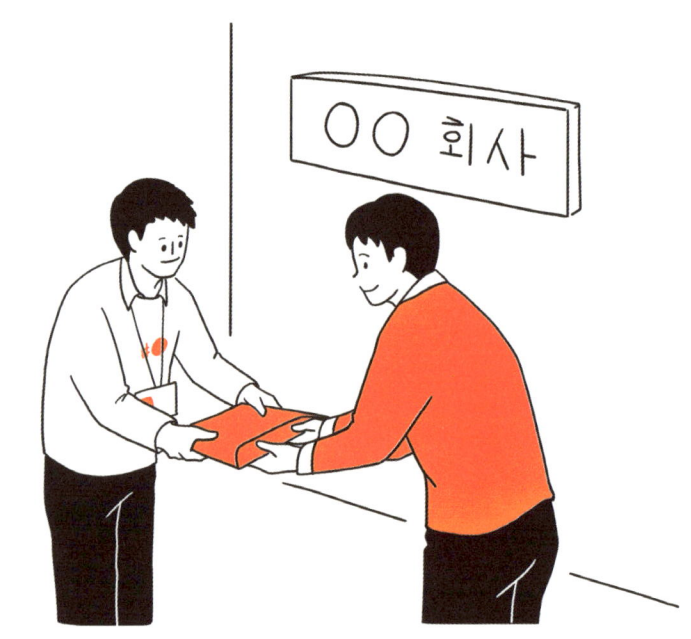

직접 가서 내기

'직접 제출' 또는 '직접 접수'라는 말은 준비한 지원서를 회사 사무실로 가져와 달라는 뜻입니다.

이 경우에는 회사 위치를 확인하고
아침 9시부터 저녁 6시 사이에 가야 합니다.
12시부터 1시는 점심시간이니 피해서 갑니다.

인터넷으로 내기

'인터넷 접수' 또는 '전자문서로 제출'하라고 하는 경우에는 준비한 지원서를 회사에서 알려 준 사이트에 올리거나 이메일로 보냅니다.

지원서를 낼 때는 파일 이름에 자기 이름을 적어서 내는 것이 좋습니다. 낸 다음에는 잘 들어갔는지 전화로 꼭 확인합니다.

우편으로 내기

'우편으로 제출'해야 하는 경우에는
우체국에 가서 지원서를 보냅니다.
이때는 우편물이 기간 안에 도착하도록 미리 보내야 합니다.

급할 때는 '익일특급'으로 보내면 바로 다음 날 전달됩니다.
도착해야 할 회사 주소를 정확하게 적습니다.

6. 면접 보기

지원서가 통과되면 다음으로는 일할 회사의 사람들을 직접 만나서 서로 질문을 주고받는 면접을 봅니다.

면접은 자신에 대해 잘 알리고,
회사에 대해 미리 알아볼 수 있는 좋은 기회입니다.

 **면접 때 옷 입는 방법**

☑ 정장을 차려입거나 단정한 옷을 골라 입습니다.

☑ 너무 화려한 색깔과 무늬는 피합니다.

☑ 머리는 헝클어지지 않게 단정하게 합니다.

☑ 계절에 맞는 옷을 입습니다.

 **면접 잘 보는 방법**

- ☑ 면접 시간 10분 전에 도착하도록 갑니다.

- ☑ 면접장에 들어갈 때와 나올 때 인사를 합니다.

- ☑ 자신 있고 큰 목소리로 이야기합니다.

- ☑ 솔직하게 말합니다.

- ☑ 질문에 정확하게 답합니다.

- ☑ 질문하는 사람과 눈을 맞추고 이야기합니다.

- ☑ 이야기를 너무 길게 하지 않습니다.

 **면접에서 자주 묻는 질문**

"자기소개해 주세요."

"우리 회사에 지원한 이유를 답해 주세요."

"당신의 장점, 단점을 이야기해 주세요."

"왜 이 일을 선택했습니까?"

"우리 회사에 들어오고 나서 어떻게 일할 겁니까?"

알아 두면
좋아요

1. 일하는 것을 도와주는 기관

한국장애인고용공단　　☎ 1588-1519

지역별 지사, 직업능력개발원, 발달장애인훈련센터 등을 운영합니다.

- 한국장애인고용공단 지사 연락처

  취업 상담, 직업 평가, 취업할 곳 소개 등을 합니다.

기관명	전 화	기관명	전 화
서울지사	02-6320-7000	경기북부지사	031-850-4519
서울남부지사	02-6004-1005	경기동부지사	031-600-0200
서울동부지사	02-2146-3500	강원지사	033-737-6620
부산지사	051-640-9804	충북지사	043-230-6400
대구지사	053-288-1500	충남지사	041-629-6000
인천지사	032-242-1004	전북지사	063-240-2400
광주지사	062-448-1199	전남지사	061-240-0700
대전지사	042-620-6200	경북지사	054-450-3000
울산지사	052-226-1004	경남지사	055-225-8000
경기지사	031-300-0900	제주지사	064-710-5010

- 직업능력개발원 연락처

    일할 능력을 키워 주는 직업훈련을 받을 수 있습니다.

기관명	전 화	담당 지역
일산직업능력개발원	031-910-0838	서울, 경기, 인천
부산직업능력개발원	051-726-0321	부산, 경상남도
대구직업능력개발원	053-550-6000	대구, 경상북도
대전직업능력개발원	042-366-5412	대전, 충청도
전남직업능력개발원	061-320-7000	전라도, 제주도

- 발달장애인훈련센터 연락처

    고등학생 또는 졸업한 지 얼마 안 된 발달장애인이 훈련을 받고 취업할 수 있도록 도와줍니다.

기관명	전 화
서울발달장애인훈련센터	02-2230-0634
인천발달장애인훈련센터	032-420-3031
대구발달장애인훈련센터	053-550-2604
광주발달장애인훈련센터	062-380-0607

한국장애인개발원　　☎ 02-3433-0600

직업재활센터, 장애인일자리사업 등을 운영합니다.

 www.koddi.or.kr

- 직업재활센터

    취업 상담, 직업 평가, 취업할 곳 소개 등을 합니다.

지역	기관명	전　화
서울	강북장애인종합복지관	02-989-4215
서울	기쁜우리복지관	02-3665-3831
서울	서부장애인종합복지관	02-351-3982
서울	서울시립남부장애인종합복지관	02-829-7181
서울	서울시립발달장애인복지관	02-840-1570
서울	서울시립북부장애인종합복지관	02-2092-1772
서울	서울특별시립노원시각장애인복지관	02-950-0114
서울	성모자애복지관	02-3410-8872
서울	실로암시각장애인복지관	02-880-0850
서울	청음복지관	02-556-3493
서울	충현복지관	02-2192-0600
서울	하상장애인복지관	02-451-6000

지역	기관명	전 화
부산	부산광역시장애인종합복지관	051-868-3584
대구	대구장애인종합복지관	053-763-1011
인천	노틀담복지관	032-540-8925
광주	엠마우스복지관	062-524-7701
대전	행복한우리복지관	042-331-1155
울산	울산광역시장애인종합복지관	052-242-1782
경기	부천시장애인종합복지관	032-621-0606
경기	성남시장애인종합복지관	031-733-3322
경기	안양시관악장애인종합복지관	031-474-7289
강원	강원도장애인종합복지관	033-255-2498
충북	제천장애인종합복지관	043-652-0900
충북	혜원장애인종합복지관	043-295-2505
충남	충청남도남부장애인복지관	041-856-7071
전북	남원시장애인종합복지관	063-635-1540
전북	전라북도장애인복지관	063-222-9997
전남	광양시장애인종합복지관	061-761-4438
전남	명도복지관	061-279-4879
경북	구미시장애인종합복지관	054-457-3172
경남	경상남도장애인종합복지관	055-237-4027
제주	제주특별자치도장애인종합복지관	064-702-0295

- **현장중심 직업재활센터**

  실제 일할 곳에서 훈련을 받은 후 취업할 수 있도록 지원합니다.

지역	기관명	전 화
서울	커리어플러스센터	02-499-8721
대구	대구광역시달구벌종합복지관	053-527-0223
인천	인천광역시서구장애인종합복지관	032-569-1240
인천	인천광역시중구장애인종합복지관	032-880-2400
광주	광주광역시장애인종합복지관	062-513-0977
대전	밀알복지관	042-627-0900
울산	(사)울산장애인부모회	052-274-9012
강원	강원도장애인부모연대 원주시지부	033-765-0118
전남	전국장애인부모연대 전남지부	061-743-2341
경북	경상북도장애인부모회	054-276-2023

지역	기관명	전 화
경북	경산시장애인종합복지관	053-719-2340
경북	김천시장애인종합복지관	054-434-2400
경북	안동시장애인종합복지관	054-855-7801
경북	포항시장애인종합복지관	054-282-4009
경남	거제시장애인복지관	055-636-4500
경남	밀양시장애인복지관	055-350-1700
경남	전국장애인부모연대 경상남도지부	070-7725-3964
경남	사천시장애인종합복지관	055-835-2571
경남	양산시장애인복지관	055-367-9655

2. 고용 정보 사이트

취업하기 위해 내가 어떤 교육과 지원을 받을 수 있는지 알 수 있어요.

워크투게더

- 장애인을 뽑는 회사의 정보를 볼 수 있어요.
- 받을 수 있는 교육 등 지원 내용을 알 수 있어요.

한국장애인고용공단

- 장애인 고용과 관련된 정책, 제도를 알 수 있어요.
- 전국의 고용공단 지사, 훈련센터 등의 위치를 알 수 있어요.

한국장애인개발원 직업재활시스템

- 직업재활시설, 일자리사업 담당 기관을 볼 수 있어요.
- 장애인 직업과 관련된 보고서, 법령 등 다양한 자료가 있어요.

소소의 생각

시각장애인에게는 점자,
청각장애인에게는 수어가 있듯이
발달장애인에게는 쉬운 정보가 필요합니다.

쉬운 정보는 발달장애인뿐 아니라,
어르신, 외국인, 다문화가족에게도
반드시 필요한 지원입니다.

앞으로도 소소한소통은
우리가 일상에서 알아야 할 많은 정보를
쉬운 말로 정리해 책으로 펴낼 것입니다.

쉬운 정보만으로 소통의 어려움이
모두 해결되지는 않을 것입니다.
사람에 대한 관심과 존중이 함께 필요합니다.

삶의 어떤 순간에도 소통의 어려움이 없도록
우리 함께, 소소해요.

도와준 사람들

발달장애인 지원 기관에서 일하는 사람들

김소영 한국장애인개발원 직업재활팀 대리
박대수 주식회사 꿈앤컴퍼니 대표
윤이나 한국지적발달장애인복지협회 직업재활팀 담당
장정은 경상남도발달장애인지원센터 개인별지원팀 팀장
최용훈 한국장애인고용공단 평가사

발달장애를 가진 사람들

김선교 네이버핸즈 사원
김은비 사당어린이집 보조 교사
송상원 로아트 작가
이진경 카카오카페 바리스타
장지용 에이블뉴스 칼럼니스트
홍미숙 참사랑어린이집 보조 교사

글을 다듬는 사람

사공영 편집자

지속 가능한 발달장애인 고용 프로젝트 2권
발달장애인을 위한 취업 준비 실용서
나도 이제 직장인

초판 1쇄 발행 2018년 12월 27일
초판 3쇄 발행 2022년 7월 18일

펴낸곳	소소한소통
출판등록	2018년 8월 1일 제 2019-000093호
주소	서울특별시 영등포구 문래북로 116, 트리플렉스 1504호
문의	02-2676-3974
이메일	soso@sosocomm.com
홈페이지	www.sosocomm.com

ISBN 979-11-9652-093-9 13330

ⓒ 소소한소통, 2018

이 책은 저작권법에 따라 보호받는 저작물이므로 무단 전재와 무단 복제를 금합니다.
잘못된 책은 구입처에서 바꾸어 드립니다.
책값은 뒤표지에 있습니다.